MONUMENT

DES

MORTS

POUR LA FRANCE

DE LA

Paroisse de Montmirey-la-Ville

Inauguration, le 2 Mai 1920

BESANÇON

IMPRIMERIE JACQUES ET DEMONTROND

1920

MONUMENT

DES

MORTS

POUR LA FRANCE

DE LA

Paroisse de Montmirey-la-Ville

———·———

Inauguration, le 2 Mai 1920

La commune de Montmirey-la-Ville avait, une des premières du canton, du département, et peut-être de la France entière, voulu ériger un monument en souvenir de ses morts.

La quête avait été fructueuse, et la Municipalité avait généreusement parfait la somme nécessaire pour que ce monument soit digne de la commune, digne des glorieux morts.

De nombreux obstacles, provenant surtout de l'Administration et des lois persécutrices votées par les Chambres d'avant-guerre, avaient retardé le choix de l'emplacement et la date de l'inauguration. La Municipalité s'était enfin, et très heureusement, décidée à faire ériger le monument dans le vieux cimetière contigu à l'église.

A la fin d'avril, tout était terminé; et, le temps semblant propice, la cérémonie d'inauguration solennelle eut lieu le 2 mai 1920, à trois heures de l'après-midi.

...Sur le monument, outre la croix, la croix de guerre, et deux drapeaux entrelacés, sont gravés les huit noms des soldats de Montmirey-la-Ville, morts pour la France. Que leurs noms restent aussi gravés, et pour toujours, dans la mémoire et dans le cœur des habitants de la commune et de ceux qui viendront après eux.

Ce sont :

DÉCHALOTTE, Lucien, *11 août 1914.*

SAGET, Joseph, *14 février 1915.*

COMMARMONT, René, aspirant, *20 juin 1915.*

PATIN, François-Joseph, *21 octobre 1916.*

GOURRAS, Marius. maréchal des logis, *27 décembre 1916*

BILLOT, Marcel, Commandant, *28 janvier 1917.*

PATIN, Joseph-Marius, *3 juin 1917.*

CAUTARD, Louis, *5 août 1917.*

A l'office du matin, à l'église, M. le Curé avait fait une allusion délicate au monument élevé en l'honneur des morts de la commune. Il avait demandé pour eux les prières des habitants de la paroisse.

Aux Vêpres, un *De profundis* solennel fut chanté pour eux. Puis M. le Curé se dirigea vers le monument élevé auprès de l'église et le bénit en récitant les prières liturgiques. Les drapeaux qui le recouvraient avaient été enlevés. Les familles des morts avaient pris place au centre : d'un côté le Conseil municipal avec le maire, ceint de son écharpe, les combattants et les mutilés qui avaient apporté une magnifique couronne de fleurs; de l'autre côté, les enfants portant des bouquets. En arrière venait toute la population de Montmirey-la-Ville qui avait tenu à apporter à ses glorieux morts l'hommage de ses regrets et de son admiration.

Des discours ont été prononcés par le maire, M. Maitrot, par M. le baron d'Aligny, conseiller général, par M. Saget, député de Belfort, par M. Haulet au nom des mutilés, par l'instituteur M. Jacquin ; et, pour terminer, une poésie de Victor Hugo récitée par Henri Bossong, un enfant du village.

Discours de M. MAITROT

Maire de Montmirey-la-Ville

□   □   □

Je ne veux pas laisser passer cette cérémonie sans présenter mes condoléances aux parents des morts et sans essayer d'adoucir les regrets des veuves, des pères, des mères, de ceux qui sont tombés pour la gloire de la France.

N'oublions pas nos mutilés, ni les pauvres prisonniers qui ont tant souffert moralement loin de leur épouse et de leurs parents.

N'oublions pas non plus nos braves poilus qui ont combattu pour obtenir la victoire, ni les généreux donateurs qui ont contribué à l'érection de ce monument.

Vive la France ! Vivent les poilus !

Discours de M. le baron d'ALIGNY

Conseiller général du Jura

▫   ▫   ▫

Permettez-moi d'apporter, comme citoyen de la commune et au nom du canton, aux soldats de Montmirey-la-Ville morts pour la Patrie, l'hommage de reconnaissance qu'ils ont si bien mérité par le généreux sacrifice de leur vie.

Montmirey a le droit d'être fier de ses poilus.

Et, en se reportant tout particulièrement sur eux, ma pensée va à tous ceux que j'ai vus tant souffrir dans les tranchées, privés du nécessaire, éloignés de leur famille, offrant leurs fatigues pour le succès final, et acceptant leurs blessures et leurs souffrances avec une résignation admirable. On ne fera jamais assez pour glorifier nos poilus : leur courage, leur dévouement, leur héroïsme ont été au-dessus de tout éloge.

Un des souvenirs les plus cruels que j'ai gardés de ces maudites années est l'émotion que j'ai ressentie en apprenant la disparition, la mort, hélas ! de ce pauvre Saget, que j'avais vu la veille encore joyeux, ardent, vivant, et qui avait demandé à faire partie d'une reconnaissance périlleuse dans les bois de Badonvillers, en Lorraine.

Hélas ! combien nombreux sont ceux qui, après

avoir enduré tant de privations et de souffrances, ont fini par subir le suprême martyre !

Gloire à eux ! Mais mon cœur est brisé quand je pense à ceux dont l'époux, le fils, le père, le frère sont partis pleins de vie et d'espoir, et qui ne les ont pas vus revenir. Je leur adresse l'expression de mes condoléances émues et de ma profonde sympathie; à vous, surtout, mes amis de Montmirey, qui pleurez aujourd'hui. Je sais que rien ne peut vous consoler; mais qu'à votre grande douleur se joigne, si possible, un peu de légitime orgueil. Pensez que la mort de ceux que vous pleurez est une mort glorieuse qui a permis à la France de continuer à vivre, que leurs noms passeront à la postérité, et que nous tous, de loin comme de près, nous ne les oublierons jamais.

C'est pourquoi nous avons voulu qu'ici même, auprès de l'église de Montmirey-la-Ville où ils ont prié autrefois, se dressât un monument destiné à perpétuer le souvenir de leurs noms glorieux. En passant devant ce monument, nous aurons une pensée d'affection et de prière pour eux ; nous demanderons à Dieu de les accueillir auprès de Lui ; nous aurons pour nos immortels disparus un sentiment de regret et d'admiration.

Nous nous rappellerons toujours cette cérémonie, qui est un hommage solennel de reconnaissance, de foi et de piété, et en même temps d'enthousiasme pour les sublimes exemples de sacrifice, de religion et de patriotisme qu'ils nous ont donnés et que nous devons imiter.

O morts de Montmirey-la-Ville, tombés au champ d'honneur de la grande guerre, dormez en paix votre sommeil dans les plis du drapeau de la Patrie ! Ce drapeau, pour lequel vous avez lutté, que vous avez aimé jusqu'à lui donner votre vie, resplendit d'une auréole et d'une gloire nouvelles : vous n'avez pas eu, comme nous, les joies de la victoire et du triomphe qui récompense. Mais, du haut du Ciel, où nous espérons que nous vous reverrons un jour, aidez-nous à continuer et à achever votre œuvre féconde de résurrection nationale, à unir tous nous efforts pour rendre chaque jour plus belle et plus grande encore notre chère France !

Discours de M. SAGET

Député de Belfort

◻ ◻ ◻

Monsieur le Conseiller général,
Monsieur le Maire,
Messieurs les Conseillers municipaux,
Mes chers Camarades,
Mesdames, Messieurs.

Je tiens tout d'abord à remercier la Municipalité de Montmirey-la-Ville de m'avoir fait une place dans cette cérémonie d'inauguration du monument, destiné à conserver la mémoire des enfants de cette commune morts pour la France. Elle a bien voulu se souvenir que j'appartenais, par une lignée remontant à plusieurs siècles, au fonds même de cette commune à laquelle malgré des éloignements passagers, je reste fidèle et être assurée que le combattant de toute la guerre, de la première comme de la dernière heure que j'ai été, serait tout particulièrement touché de venir rendre hommage à ses camarades de combat.

Après une guerre comme celle qui s'est achevée le 11 novembre 1918, guerre pour le succès de laquelle il a fallu au plus haut degré la tension de toutes les énergies et de toutes les volontés, il est indispensable que de pareilles manifestations rappellent à tous ceux qui restent la nécessité de poursuivre l'effort de ceux qui sont tombés. Il ne faut pas que l'œuvre pour laquelle ils ont sacrifié leur existence reste inachevée, et il importe qu'une fois notre liberté et notre indépendance garanties, nous tendions de toutes nos forces au relèvement du pays. Les uns et les autres nous pouvons avoir des querelles d'un moment, des dissentiments de pensée, c'est le fait de la diversité de nos natures, mais toutes ces oppositions doivent être dominées par l'obligation du sacrifice commun à la France.

Rivalité d'armes, inégalité de grades, différences dans le genre de mort, diversité du lieu du sacrifice, ne trouvons-nous pas tout cela en lisant les huit noms gravés sur cette pierre. Fantassins, chasseurs à pied, cavaliers, artilleurs, ont fait le même sacrifice. Les uns sont morts par le feu de l'infanterie, d'autres par le fait des projectiles d'artillerie, un enfin par la fièvre. Certains ont rendu le dernier soupir en Lorraine ou dans les Vosges, d'autres sur la Somme, en Champagne ou en Artois ou en Orient. Et toutes ces différences ont maintenant disparu, le but commun du sacrifice leur a donné à tous la même âme de héros.

S'ils ne sont plus présents dans la nature, qu'il soient vivants dans nos cœurs! Nous qui avons été les acteurs de ce drame terrible, nous ne saurions oublier, mais les générations qui suivront, qui, elles, bénéficieront surtout du sacrifice de ceux-ci, devront pratiquer le culte du souvenir. C'est pour que les noms de nos héros ne soient point oubliés, c'est pour que leur mémoire soit toujours honorée, que partout, même dans les plus humbles communes surgissent, des monuments sur lesquels sont gravés les noms de nos martyrs du droit et de la liberté.

Discours de M. HAULET

de Montmirey-la-Ville

□   □   □

MESDAMES,
MESSIEURS,
MES CHERS CAMARADES,

La commune de Montmirey-la-Ville vient aujourd'hui rendre hommage à ceux de ses enfants qui sont tombés au champ d'honneur pendant la grande guerre pour la défense de la liberté et la protection du droit. Cette cérémonie nous touche plus particulièrement encore, nous les combattants, les mutilés, car ceux que nous honorons étaient nos compagnons de souffrance, nos camarades de combat.

Ils sont tombés en héros pour sauver notre pays et leur souvenir doit toujours être vivant dans notre cœur.

Le poète a dit :

Ceux qui pieusement sont morts pour la patrie
Ont droit qu'à leur cercueil la foule vienne et prie.

Nous n'oublierons pas ce devoir, et comme gage de notre fidélité nous leur offrons cette couronne, symbole du souvenir et témoignage de notre affection.

Poésie dite par M. JACQUIN

Instituteur à Montmirey-la-Ville

□   □   □

Dédiée aux Morts pour la France
de Montmirey-la-Ville.

Ils sont tombés là-bas dans l'affreuse tourmente.
Leurs corps, dans la forêt où dans l'obscure sente,
Reposent à jamais. Partout où ils sont morts,
Aux derniers moments, aux suprêmes efforts,
Ils ont, dans le lointain, entouré d'un nuage,
Revu les êtres chers, attendant au village ;
C'est vers eux que partit la suprême pensée
Au seuil de l'au-delà, doucement caressée
Par le vent, trop lointain parfois, de l'espérance.
Apaisant la douleur et calmant la souffrance
Remplaçant leur mère, trop loin, hélas ! la France
Ferma les yeux des fils tombés pour sa défense.
Pour défier l'oubli, transmettre la mémoire
Des braves dont le nom, synonyme de gloire,
Doit être dans l'avenir avec soin conservé,
Ce très beau monument vient d'être élevé.
Par le sort des combats, ils furent séparés,
Sous ce bloc de pierre, ils seront rassemblés.

Henri Bossong, de Montmirey-la-Ville, récite la belle poésie de Victor Hugo : *Aux morts pour la Patrie.*

Ceux qui pieusement sont morts pour la patrie
Ont droit qu'à leur cercueil la foule vienne et prie.
Entre les plus beaux noms leur nom est le plus beau.
Toute gloire près d'eux passe et tombe éphémère ;
    Et, comme ferait une mère,
La voix d'un peuple entier les berce en leur tombeau.

Gloire à notre France éternelle !
Gloire à ceux qui sont morts pour elle !
Aux martyrs ! Aux vaillants ! Aux forts !
A ceux qu'enflamme leur exemple,
Qui veulent place dans le temple
Et qui mourront comme ils sont morts !

C'est pour ces morts, dont l'ombre est ici bienvenue,
Que le haut Panthéon élève dans la nue,
Au dessus de Paris, la ville aux mille tours,
La reine de nos Tyrs et de nos Babylones,
Cette couronne de colonnes
Que le soleil levant redore tous les jours !

Gloire à notre France éternelle
Gloire à ceux......

Ainsi, quand de tels morts sont couchés dans la tombe,
En vain l'oubli, nuit sombre où va tout ce qui tombe,
Passe sur leur sépulcre où nous nous inclinons.
Chaque jour pour eux seuls se levant plus fidèle,
    La gloire, aube toujours nouvelle,
Fait luire leur mémoire et redore leurs noms !

Gloire à notre France éternelle !
Gloire à ceux......

Chacun des discours fit sur la population la plus profonde impression. On se rappelait l'union des cœurs, tous tendus vers la lutte en août 1914, tous stoïques au moment des premiers revers, tous courageux au milieu des épreuves de toutes sortes, tous brisés par les deuils, tous heureux de la victoire.

Un grand souffle de patriotisme exaltait les esprits, élevait les âmes vers Dieu : un immense amour allait vers les chers disparus de la grande tourmente, vers le vieux et bien-aimé village de Montmirey-la-Ville, vers la France, patrie glorieuse et immortelle.

Montmirey-la-Ville, 2 Mai 1920.

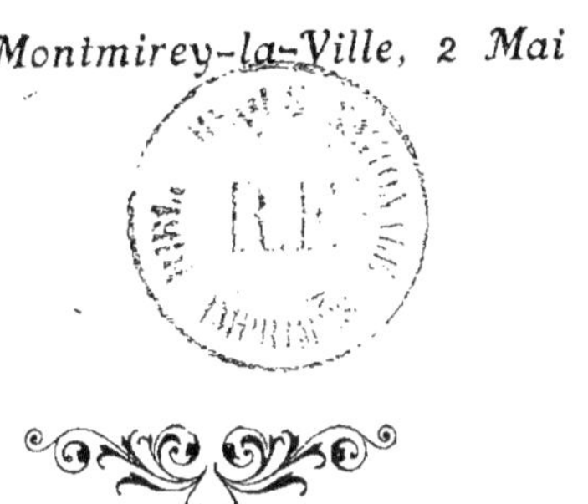

BESANÇON. — IMP. JACQUES ET DEMONTROND